AF370821

HOMERE DANSEUR DE CORDE.

(par l'abbé Faure)

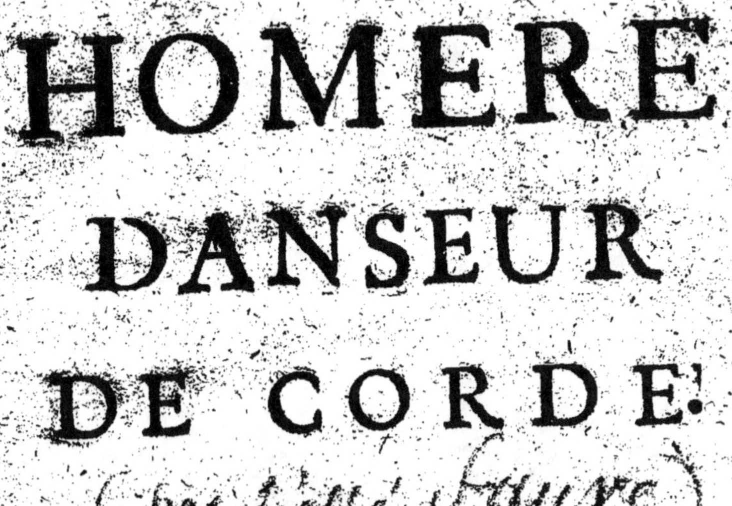

A PARIS,

Chez PIERRE PRAULT, ſur le
Quay de Gêvres, du côté du Pont
au Change, au Paradis.

M. DCCXVI.

Avec Approbation & Permiſſion.

HOMERE
DANSEUR DE CORDE.

Jugemement du Souverain Médiateur du Sacré Valon, sur les deux Homeres nouvellement Francisez.

D'Où vient ce carrillon que j'entends au Parnasse?

Hola, Muses, hola, qu'on se taise là-haut.

Vous ne finissez point, ce vacarme me lasse;

J'y vais dés ce moment mettre ordre comme il
faut.

Ça m'y voila monté. Cherchons ces Que-
relleuses;

Bon, je les aperçois. Rabatons leurs caquets.

Silence, s'il vous plaist, indiscretes parleuses,

Vous faites plus de bruit que mille perroquets,

Ne poussons pas plus loin vos disputes ameres,
Dites moy le sujet de vos emportemens :
Mais, je le comprens bien; nos deux derniers Ho-
.meres
Sont le double motif de vos déchainemens.

Quoy ! Depuis si longtemps que la querelle
dure !
Nul arbitre éclairé n'auroit pû l'appaiser.
Je n'en suis pas surpris, dáns toute la nature,
Il n'appartient qu'à moy de vous tranquilliser.

Sçachez qu'Homere en prose, ainsi qu'Homere
en rime,
Ne peuvent plus souffrir vôtre démêlé vain :
Voici comme sur eux ils veuvent qu'on s'exprime,
L'humain est le second, le premier le divin.

L'un, dépeignant au vrai, des Dieux la guerre
étrange,

En immortels entr'eux, les fait bâtre toujours.
Pour l'autre sur leurs faits prenant par tout le
    change ,
Il ne les met aux mains qu'en Heros de nos jours.

J'admire du premier la mere prosaïque
Dont l'enfant est produit Theologiquement.
J'admire du second le pere poëtique
Dont l'enfant est produit Philosophiquement.

Tous les deux à l'envi chez moy se font la
    guerre :
Mais je calme en deux mots leurs bruits seditieux.
Je dis à celui-cy qu'il est fait pour la Terre ;
A celui-là je dis qu'il est fait pour les Cieux.

Voila comme Themis me donnant sa balance
M'ordonne de juger ce fameux different.
Elle prétend par là de vôtre violence
Moderer les transports, arrêter le torrent.

Qu'entends-je ? Vos esprits obstinez dans leur
    rage,   A iij

S'agacent de nouveau sur ce Poëte grec.

Oh ! ce sont des oiseaux des plus forts en ramage,

Ie vais dire à Phœbus de leur fermer le bec.

Mais qui est-ce qui m'arrête. Ah! c'est l'Ambaffadeur des Dieux ; c'est Mercure apparemment qui vient avec son Caducée, (signe de la Concorde,) pacifier le trouble qui regne en ce lieu; il arrive fort à propos : écoutons ce qu'il va dire.

LE fujet qui guide icy mes pas, eft juftement l'Auteur fur qui ces doctes Pucelles fe debattent avec tant de contention. Je viens leur reprocher le tort infini que luy a fait leur obftination mutuelle : Car il s'eft vû cruellement condamné à la corde , pour avoir efté loüé par les unes , & pour avoir efté blâmé par les autres avec trop d'entête-ment, & elles l'ont laiffé entre les mains de la Juftice Funambulaire, fans faire aucune démarche pour l'en arracher.

Rougissez Champions Homeristes de la lâcheté avec laquelle vous avez souffert que vôtre Heros devint le Joüet des Orphées Bâteleurs.

Osastes-vous assister à ces spectacles, où l'on le tournoit en dérision par cent brocards, comme s'il avoit esté le modele des Faquins !

Là on le livroit d'abord aux Fouleurs de Lesses patibulaires, soit pour le berner avec des Perches équilibrantes, soit pour le mettre à la Torture voltigeante, aprés quoy on le déchiroit par de Vaudevileux Ecrits publiez à son de Trompettes canantes. Mais ce qu'il y avoit de plus cruel, on luy faisoit souffrir ces infames supplices en presence de la plus vile populace.

Cependant bien loin d'avoir pitié de son état, vous en avez ri au contraire. Quel étrange renversement ! Celuy qui fut l'objet de vos plaisirs les plus serieux, n'estoit plus

pour lors que l'objet de vos plaisirs
les plus comiques.

Où en estiez-vous donc Zelateurs
Illiadiens ! Je parle indifferemment
à ceux de l'ancienne & de la nou-
velle Secte. Pouviez-vous supporter
qu'on deshonorât de la sorte l'Auteur de vôtre gloire, sans faire re-
flexion que vous estiez enveloppez
dans l'ignominie dont on le cou-
vroit publiquement ; puisqu'aprés
vous estre parez de ses dépoüilles
respectables , vous n'estiez plus re-
vêtus que des habits méprisables des
Tabarinistes.

Ainsi vous estiez vous-même à
vous-même les objets de la plus ridicule plaisanterie. Quel aveugle-
ment ! Quoy vos yeux ne per-
çoient point le Voile burlesque sous
lequel on vous joüoit ? Vous vous
regardiez comme Etrangers dans la
Scene, tandis que vous en faisiez le
sujet principal.

Il estoit donc de vôtre honneur

de former une Ligue défensive contre les Troupes baladines qui o-
soient insulter par leurs railleries
boufonnes le Personnage le plus re-
veré de l'ancienne Grece, de laquelle les plus grands genies pui-
soient chez luy comme dans leur ve-
ritable source les maximes d'une sa-
gesse consommée.

Fameux Alexandre si vous viviez
sur la terre, ce précieux dépositaire
des Combats Troyens n'auroit pas
esté avili impunément. A peine ces
Singes Histrioniques auroient paru
sur la Scene pour le joüer, que vous
les auriez, pour ainsi dire, Cendri-
fiez, avec vôtre foudre Belliqueuse.
Vous cherissiez trop ce pere nouris-
sier de vôtre esprit pour souffrir
qu'on le décriât si burlesquement,
sans le venger sur le champ de cette
insulte. Cependant il faut que vos
manes impuissantes ayent la douleur
de voir celuy que vous teniez autrefois serré dans une superbe Cassette

(comme vôtre plus riche tresor)
renfermé à present dans une Gibe-
ciere de Joüeurs de Passe-passe, qui
se servent de luy pour escamoter l'ar-
gent d'une foule de Spectateurs, la
pluspart destituez du sens commun.

Qui l'auroit jamais crû! que le
Mortel le mieux inspiré d'Apollon
devint le Plastron d'un Arlequin.
Que celuy qui parla mieux que per-
sonne le langage des Dieux, s'énon-
ceroit un jour par la bouche des Acteurs de l'Opera Funambulaire.
Que cet homme incomparable qui
tient dans l'extase les Princes, des
Philosophes & des Orateurs pendant
toute leur vie, seroit à la fin le Bâ-
lon des Turlupins Pantaloniques.
Est-il possible, encore une fois, que
le Poëte le plus estimé du Parnasse
Athenien, soit aujourd'huy le sujet
de la risée du Parterre le plus me-
prisé des Spectacles François.

Quoy donc! favori des immortels,

aprés avoir volé jusques dans leur
séjour pour converser avec eux, de-
viez-vous estre reduit ensuite à vous
guinder sur une Chaîne de Chanvre
dans le séjour des humains, pour
amuser sur tout le vulgaire Fai-
neant.

Que sert donc l'Apotheose qu'on
fît en vôtre faveur, si ce n'est à ren-
dre vôtre fort plus malheureux, en
tombant du siege de Jupiter dans la
basse-fosse de Momus. Mais pour
comble de desespoir, faut-il que les
Heliconiades dont vous fistes les
plus chers délices, deviennent pour
vous des Eumenides implacables,
& que leur obstination invincible
cause vôtre chute diffamante? He-
las! si vous nageates autrefois au
milieu des Tresors celestes, vous ne
subsistez aujourd'huy que des Au-
mônes Theatrales, au moyen des
ornemens grotesques dont on a l'in-
solence de vous décorer.

Les fabuleuses Divinitez, que

vous avez si bien chantées, ne sçau-
roient plus voir vôtre état sans ver-
ser des larmes. Et ne leur seroit-il
pas honteux de ne point s'humani-
ser dans cette conjoncture pour
pleurer le sort fatal du plus cher
Confident de leurs misteres!

Mais consolez-vous. Dans peu
vous verrez foudroyer ces Prome-
thées qui ralument vos cendres
amorties, pour leur donner l'esprit
du personnage le plus burlesque.

Il est temps fils de Saturne ; fais
éclater ton Tonnere sur ces Fouleurs
de Lesses Patibulaires, qui osent
ainsi metamorphoser sans ton ordre
le Poëte par excellence. C'en est
fait j'entends gronder le foudre....
Que dis-je ? Quelle illusion ! Ce tin-
tamare qui frappe mes oreilles, est
causé par le bruit des Phaëtons ter-
restres qui courent en fonle voir
Homere Danseur de Corde & Vaudevileur.
Ils vont applaudir de leurs Huées
riardes les Chantres Farceurs qui

donnent la Serenade au bon Dor-
mart, dans laquelle chacun signale
son courage brâillant, à proportion
du rolle qui luy est assigné. C'est-là
qu'on entend d'abord la voye har-
monieuse du Heros de la Niaizerie
qui souffle cet Air aux oreilles
d'Homere.

Reveille-toy fameux Poëte,
Sors d'entre les bras du someil,
Pour estre le Roy de la Fête
Que nous ferons à ton réveil.

Dans nôtre illustre Compagnie
Aujourd'huy nous t'incorporons;
Ta réputation ternie
Par nos Chants nous rétablirons.

Tu feras le Chef de la Troupe,
Entre deux Airs tu danseras,
Sur un étroit plancher d'Etoupe
D'où tes Rivaux tu souleras.

Ainſi tu ſeras ſur la Corde

Tandis qu'ils ſeront au deſſous,

Sans craindre qu'aucun d'eux te morde,

Si tu veux tu les morderas tous.

Ils ont beau te faire la guerre

Ton nom eſt fameux aux Enfers,

Dans les Cieux comme ſur la Terre,

Il va l'eſtre auſſi dans les Airs.

Ces Chanſons ſont ſuivies de
beaucoup d'autres chantées par le
reſte des Acteurs, deſquelles ces
Avocats Saltinbanques compoſent
une eſpece de Factum Muſical par
lequel ils défendent la réputation
d'Homere.

Ils prennent ſi bien ſes intereſts
qu'ils en font les leurs propres ; de
maniere qu'on ne diſtingue plus Homere des Funambules, ni les Funambules d'Homere.

Cependant quelque injurieux que
paroiſſe ce traitement au Poëte

Grec, il faut l'avoüer c'est par là qu'il devient plus celebre qu'il n'a jamais esté, puisqu'aujourd'huy les plus grands Heros de l'antiquité font agregez dans les Academies Funambulaires, c'est là que leur gloire prend le dernier lustre qui luy manquoit.

Ce n'estoit pas assez qu'ils fussent anciennement les objets de l'admiration & de l'estime des Sçavans, il falloit qu'ils devinssent encore les sujets des plaisirs & des amusemens des peuples.

En effet que seroient les Grands Hommes si les petits n'estoient les témoins de leur grandeur ? Se contenteroient-ils d'avoir de leurs égaux auprés d'eux ? Non sans douté. Mais, dira-t-on, les Acteurs de l'Opera Funambulaire tournent dans le plus bas ridicule les Hommes les plus élevez en merite. J'en demeure d'accord. C'est encore une fois ce qui les rend plus recom-

mendables ; puisque ces dérisions
ne sont que des traits riants dont
on égaye leur visage grave.

Qu'on ne m'objecte pas qu'ils sont
grossierement tracez. Je réponds à
cela, qu'ils sont maniez la pluspart
avec une délicatesse qui le dispute
aux tours les plus fins des plus ex-
cellentes Pieces du Theatre François. Ce sont des Quintessences Al-
legoriques & Ironiques de toutes
nos meilleures Tragedies & Comœ-
dies, ausquelles on donne des carac-
teres d'autant plus divertissans
qu'elles en paroissent infiniment
éloignées ; de sorte que si les Heros
de ces Pieces vivoient, ils ne pourroient s'empêcher de rire du ridicule qu'on leur donne dans ces Re-
présentations Parodiques.

Mais quand ces raisons ne suffi-
roient pas pour sauver la réputation
*d'Homere Danseur de Corde & Vaudevi-
leur.* Est-il dégradé par là ? Il re-
vient, au contraire, en partie à sa

permiere origine, c'est un ruisseau qui retourne à sa source aprés avoir longtemps serpenté dans les plus belles Contrées.

Que fut en effet Homere ancien-nement ? Le premier Chantre des Halles Grecques. Eut-il d'autres Mecenas de son temps que les Sou-brettes & les Laquais, que l'Artisan & la Grisette, aux dépens desquels il vivotoit. Ainsi se voyant aban-donné des hommes il s'avisa de re-courir aux Dieux ; pour cet effet il s'érigea en Historien de leurs Guer-res Misterieuses. Mais quel avan-tage en retira-t-il ? Des Chiméri-ques Illusions furent la recompense dont ils repurent sa Lire Deffail-lante. Cependant quoyqu'il fût le rebut des Humains & des Immor-tels tandis qu'il fût sur la terre, il devint aprés sa mort l'admiration de l'Univers. On versa pour ainsi dire à pleines mains des Tresors pré-cieux sur le tombeau de celuy qui

vécut toujours dans l'indigence.
Sept Villes même se disputerent à
l'envi l'avantage de sa naissance,
chacune prétendant luy avoir don-
né le jour. On releva les moindres
de ses Productions Poëtiques comme des Oracles merveilleux. Sa
Troyade ensevelie dans la poussiere
tandis qu'il vivoit ressucita avec le
plus grand éclat dés qu'il eût perdu
la lumiere du jour. Et toutes les
Reveries Fabuleuses dont il la rem-
plie furent des Tenebres Sçavantes
qui facinerent les yeux des Habi-
tans du Licée. Ce ne furent plus
que des misteres respectables sur les-
quels la raison devoit se taire. Les
Platons, les Plutarques, une infinité
d'autres Heros de la Docte Milice
blanchirent dans la méditation de
cet Ouvrage incomparable. Si bien
que dans la succession du temps on
l'a pour ainsi dire regardée comme
l'Alchoran sur lequel on a fondé
un Mahometisme Homerien divisé

en differentes Sectes.

Telles sont les revolutions des choses humaines, ce qui fut l'aversion d'un siecle, devient l'affection de celuy qui luy succede. La bisarrerie des opinions des hommes est la cause de ces vicissitudes, leur esprit leger change tantost en bien, tantost en mal la face des objets qui le frappent sans qu'il sçache comment ; si bien qu'on peut dire que le pur hasard est presque toujours l'arbitre de la bonne ou mauvaise réputation que les hommes se dispensent mutuellement ; c'est pourquoy la pluspart de leurs jugemens sont accompagnez d'injustice : ainsi ne doit-on rapporter le bien ou le mal qu'ils se font qu'à leur aveugle inconstance.

Homere est la preuve la plus autentique de cette verité, aujourd'huy baffoüé & faquinisé, demain honoré & divinisé, icy blâmé & taxé de visionaire, l'a loüé & traité d'Auteur inimitable : c'eſt ainſi qu'on balotte ſa deſtinée depuis trente Luſtres. Mais ce qui ſauve ſon honneur, c'eſt qu'il a cela de commun avec preſque tous les plus illuſtres perſonnages. Il a d'ailleurs cet avantage ſur eux, qu'il eſt aſſuré d'eſtre éternellement le Doge de la Republique Collegiale. C'eſt là que retranché dans la Fortereſſe Claſſique il ſera toujours deffendu vigoureuſement par la Garniſon Pedanteſque contre ſes plus redoutables adverſaires.

Mais quand il n'auroit pas cet aſile pour ſe mettre à couvert des traits de ſes ennemis, quel préjudice pourroient luy porter tous ces mauvais traitemens ? Ce ne ſont que des mouches ſur un beau viſage qui en rehauſſent l'éclat loin de le ternir.

Tirons donc le Rideau ſur toutes les Scenes ſous leſquelles on le repréſente.

Et vous Sçavantes Quereleuses, continuez si vous voulez vos debats, il n'en joüira pas moins d'une tranquilité inalterable dans le séjour délicieux des Manes Heroïques.

De là il regarde en pitié toutes vos contentions sur son sujet.

Est-il possible s'écrie-t-il que les Enfans de mon imagination produisent depuis si longtemps des guerres irreconciliables parmy les Peuples Litteraires. Peu s'en faut qu'ils ne réalisent les Combats de Troyes en disputant sur l'Histoire Fabuleuse que j'en ai fait ; je ne desespere point de voir dans peu l'embrasement de certe Ville renouvellé dans la Cité la plus florissante du Monde.

C'est ainsi que le Poëte Grec se divertit de vos troubles.

Aprés cela je n'ai plus rien à vous dire, si ce n'est que quoique je sois le Dieu de la Concorde, je vous quitte sans établir la paix entre vous.

J'y perdrois trop à vous calmer. Je
vous laiffe tout le temps qu'il vous
faudra pour épuifer vos forces dans
cette Bataille ingenieufe.

FIN.

APPROBATION.

J'Ay lû par ordre de Monfieur le
Lieutenant General de Police un
Manufcrit François, qui a pour
titre, *Homere Danfeur de Corde & Vau-
deviliar,* dont on peut permettre
l'impreffion. A Paris ce vingt-huit
Decembre mil fept cens quinze.

Signé, PASSART.

PERMISSION.

VEU l'approbation du Sieur
Paffart, permis d'imprimer

ce premier Janvier mil sept cens
seize.

M. R. DE V. D'ARGENSON.

*Regiſtré ſur le Livre de la Communauté
des Libraires & Imprimeurs de Paris
n°. 1019. conformément aux Reglemens,
& notamment à l'Arreſt du Parlement du
3. Decembre 1705. A Paris le dix-ſept
Fevrier mil ſept cens ſeize.*

DELAUNE *Syndic.*